Fernando Carraro

SONHO DE UM MUNDO SEM FRONTEIRAS

Ilustrações Estúdio Rebimboca

1ª edição

Copyright © Fernando Carraro, 2023

Reprodução proibida: Art. 184 do Código Penal e Lei 9.610 de 19 de fevereiro de 1998.
Todos os direitos reservados à
EDITORA FTD
Rua Rui Barbosa, 156 – Bela Vista – São Paulo – SP
CEP 01326-010 – Tel. 0800 772 2300
www.ftd.com.br | central.relacionamento@ftd.com.br

DIRETOR-GERAL
Ricardo Tavares de Oliveira

DIRETOR DE CONTEÚDO E NEGÓCIOS
Cayube Galas

GERENTE EDITORIAL
Isabel Lopes Coelho

EDITOR
Estevão Azevedo

EDITOR-ASSISTENTE
Daniel de Febba Santos

ANALISTA DE RELAÇÕES INTERNACIONAIS
Tassia R. S. de Oliveira

COORDENADOR DE PRODUÇÃO EDITORIAL
Leandro Hiroshi Kanno

PREPARADORA
Lívia Perran

REVISORAS
Aurea Santos e Kandy Saraiva

EDITORES DE ARTE
Daniel Justi e Camila Catto

PROJETO GRÁFICO E DIAGRAMAÇÃO
Estúdio Rebimboca

DIRETOR DE OPERAÇÕES E PRODUÇÃO GRÁFICA
Reginaldo Soares Damasceno

Dados Internacionais de Catalogação na Publicação (CIP)
(Câmara Brasileira do Livro, SP, Brasil)

Carraro, Fernando
  Sonho de um mundo sem fronteiras / Fernando Carraro; ilustrações Estúdio Rebimboca. — 1. ed. — São Paulo: FTD, 2023.

  ISBN 978-85-96-04085-3

  1. Literatura infantojuvenil I. Estúdio Rebimboca. II. Título.

23-153136   CDD-028.5

Índices para catálogo sistemático:

1. Literatura infantojuvenil 028.5
2. Literatura juvenil 028.5

Cibele Maria Dias – Bibliotecária – CRB-8/9427

A - 887.983/24

> A amizade social vai além de propor ou executar ações benéficas. Estabelece a unidade e a coletividade como origem das ações e nos leva a querer o melhor para a vida da sociedade, para todos e para cada um. Somente assim será possível não excluir ninguém, gerando um verdadeiro sentimento universal de quem olha para a sua gente com amor.
>
> **Papa Francisco**, *Fratelli tutti* (cf. *Fratelli tutti*, 99).

SUMÁRIO

Terra, nossa casa	5
Theo	6
A proposta	8
Mudando de escola	11
O projeto	13
Voando alto	14
O almoço	17
Enquanto o sono não vem	23
Foi a bola!	28
A resposta	30
Epílogo	30

Terra, nossa casa

Ao vasculhar a imensidão do espaço sideral com potentes e modernos aparelhos, o homem já descobriu milhares de exoplanetas, e outros tantos continuam sendo descobertos. Mas dificilmente encontrará algum que se assemelhe em beleza e formosura àquele que habitamos, a Terra; sem dúvida, o mais belo planeta de todo o Universo.

Pacientemente, a Terra foi se formando, se moldando, tomando forma, pois sabia que tinha uma grande missão pela frente. Ela não podia ter pressa, porque sabia que tudo deveria ser preparado com muito carinho e nos mínimos detalhes. A Terra soube esperar. Esperou bastante e aprendeu a ter paciência, ou seja, a natureza não dá saltos.

Esperou, esperou, até que um dia um grito se fez ouvir em todo o Universo: "Alegrem-se todos comigo, pois a vida acaba de nascer em mim!". E o Universo celebrou e aplaudiu o maior e mais espetacular de todos os acontecimentos: a vida!

Mas, como se não bastasse, a Terra continuou se preparando para outro acontecimento de igual magnitude e, mais uma vez, soube esperar. Esperou, até que, um dia, um segundo grito ecoou em todo o Universo. Com grande júbilo, a Terra anunciou a chegada do seu mais ilustre personagem: o homem! E tão logo ele surgiu, como fizera com todos os demais seres que por aqui já se encontravam, a Terra ofereceu-lhe a possibilidade de usufruir de tudo o que havia preparado.

O homem estava livre para utilizar, de forma sustentável, tudo de que necessitasse, sempre respeitando o meio ambiente. Deveria saber conservar o planeta para que seus sucessores também pudessem desfrutar dele e, o mais importante, compartilhando-o igualmente entre todos.

Theo

Cada peça de um relógio ou de qualquer outra máquina tem uma função própria. Da mesma forma, nós, seres humanos, como peças de um macroprojeto cósmico, também viemos ao mundo com uma missão.

Theo é um garoto de nove anos que tem uma missão na Terra, mas ele ainda não sabe disso. Mora com os pais, Maria e Sebastião, e as duas irmãs mais novas, Rosária, de quatro anos, e Laura, de seis anos, em uma humilde casa na comunidade Campo Alto — uma região afastada do centro da cidade, privada de serviços essenciais à sociedade e sem acesso a lazer e cultura.

Na parede do quarto onde dorme, bem ao lado da cama, o garoto colou pôsteres de grandes jogadores de futebol, revelando uma de suas paixões.

A família de Theo — como tantas outras que vivem na periferia das grandes cidades — sobrevive de maneira bem difícil. Ainda, a pandemia de covid-19 agravou o que já era bem complicado. Boa parte das famílias que vivem nessas regiões necessita de ações e projetos de interesse social, como o trabalho voluntário realizado pela Organização Não Governamental (ONG) Pão para Todos.

Juliana é uma das voluntárias da ONG. Ela participa ativamente do projeto; inclusive, entrega cestas básicas na comunidade onde Theo mora. Certa vez, ao realizar uma entrega em Campo Alto, notou um garotinho jogando bola sozinho.

— Boa tarde, dona Maria, eu trouxe a cesta básica deste mês para a sua família — disse Juliana enquanto entregava o pacote à mãe de Theo.

— Oh, minha querida, não precisa me chamar de dona, não — respondeu Maria. — Agradecida pela ajuda! — finalizou ao pegar a doação.

Ao notar que Juliana estava vidrada no jogo do filho, Maria continuou:

— Joga bem, né?

— Conhece esse menino? — questionou Juliana.

— Sim, é o meu filho, Theo. Tem nove anos — respondeu a mãe.

— Ele vai à escola? — quis saber Juliana.

— Ia até o mês passado. Mas a escola fechou... Há muitos dias que os professores e funcionários estão em greve — respondeu Maria.

— Qual é o motivo da greve? — perguntou.

— Falta de tudo lá, até a merenda das crianças. A escola também precisa de uma reforma urgente — esclareceu Maria.

Ao notar o espanto da voluntária, a mãe explicou:

— E o menino é bom aluno! Gosta das aulas de Geografia, mas é na Educação Física que ele se solta. Agora só fala em ser jogador de futebol. Quer ganhar muito dinheiro para comprar uma casa bem grande e o que mais tiver vontade. E não é só para ele não, também para as duas irmãzinhas. Eu já disse que esse é o sonho de muitos garotos pobres, como os deste lugar... Não é nada fácil chegar lá. Mesmo assim, ele insiste, quer ser jogador, custe o que custar.

A proposta

Juliana, agora interessada na história de Theo, antes mesmo de se despedir, disparou à mãe do garoto:

— E se eu conseguisse uma bolsa de estudos para o seu filho na escola onde eu trabalho?

— Você é professora? — perguntou Maria.

— Sim! — respondeu a voluntária. — Eu leciono para crianças da idade do Theo — pontuou.

— Eu não sabia! E ainda tem tempo para fazer voluntariado — disse a mãe de Theo, demonstrando admiração pela atitude de Juliana.

— Faço com prazer! Acho necessário, inclusive, ajudar quem precisa. Sem o trabalho de voluntários, não sei como ficaria a situação dessas pessoas... — respondeu Juliana, bastante feliz pelo reconhecimento.

— Ah, isso é verdade. Vocês são os nossos anjos da guarda! — desabafou Maria, concordando com a voluntária.

— Mas, então, o que acha da minha proposta?

— Acho que pode ser uma boa ideia, mas não sei se o Theo concordaria. Apesar da greve, ele gosta muito da escola aqui do bairro, da professora e dos amigos.

Maria estava feliz com a possibilidade de o filho estudar em um lugar melhor. Mesmo ciente da boa intenção de Juliana, ela quis saber:

— E por que você ajudaria meu filho?

— Confesso que, ao ver o quanto Theo gosta de jogar futebol e de estudar, como você me contou, algumas ideias ficaram matutando na minha cabeça. Eu tenho dois filhos, a Clara, de onze anos, e o Gabriel, de nove, que adora jogar futebol. Pensei que, se o Theo fosse estudar na escola onde trabalho, que é a mesma em que o Gabriel estuda, quem sabe o meu filho e o seu não poderiam se tornar amigos a partir desse interesse em comum.

Juliana contou ainda que, nessa escola, os pais e os professores estavam preocupados com o aumento dos casos de *bullying* entre os estudantes. Assim, decidiram elaborar um projeto interdisciplinar para melhorar o ambiente escolar. Um dos pontos principais do projeto, que ainda estava na fase inicial, previa a prática esportiva como uma forma de unir os alunos em prol de interesses em comum. Portanto, a chegada de Theo, além de garantir que ele não perdesse o ano escolar, poderia contribuir muito com o projeto.

— Quem sabe você tem razão. Vamos conversar com ele — disse Maria, virando-se para o menino. — Theo, deixa essa bola um minuto e vem para cá!

— O que é, mãe? — respondeu o filho, um tanto inconformado com a pausa na brincadeira.

— Essa moça é professora e ela quer conversar com você — disse Maria.

Trazendo a bola consigo, Theo se aproximou e cumprimentou Juliana.

— Bom dia! — falou Theo cabisbaixo olhando de esguelha para Juliana.

— Filho, além de professora, a Juliana é a voluntária da ONG — completou a mãe.

— Eu já vi você por aqui. Foi você quem trouxe uma cesta enorme para a minha família no Natal do ano passado.

— Sim, Theo. E eu sempre vejo você jogando bola. Você sabia que eu tenho um filho da sua idade que também adora jogar futebol? — contou Juliana.

Percebendo um real interesse de Theo pela conversa, Juliana falou sobre a escola onde trabalhava, seus projetos pedagógicos e, claro, sobre as aulas de Educação Física. Se o garoto quisesse, ela poderia tentar uma bolsa de estudos para ele.

— Minha família não tem dinheiro para pagar uma escola assim...

— Não se preocupe, Theo — disse Juliana esclarecendo a proposta —, se eu conseguir uma bolsa de estudos, a sua família não vai pagar nada.

— Uau! As minhas irmãs podem estudar lá também? — Theo quis saber.

— Talvez, preciso verificar com a direção da escola. Se eu conseguir a bolsa de estudos para vocês, topam estudar lá? — perguntou Juliana.

— O que você acha, mãe?

— Olha, meu filho, por mim tudo bem. Quando o seu pai chegar do trabalho, vamos falar com ele — ponderou Maria.

Sebastião, o pai de Theo, era pedreiro e sempre chegava do trabalho muito cansado. Ele construía casas para outras pessoas, mas sua família mesmo ainda não havia conseguido realizar o sonho da casa própria e morava de aluguel na comunidade Campo Alto.

Juliana disse que aguardaria a resposta deles sobre a decisão da família e se despediu de Theo e Maria com muita esperança no olhar. Para a surpresa da voluntária da ONG Pão para Todos, a resposta chegou logo cedo no dia seguinte, informando que ela poderia tentar com a direção da escola não apenas uma, mas três bolsas de estudos.

Mudando de escola

Dias depois, Juliana deu a notícia à família de Theo: a professora havia conseguido as três bolsas de estudos! Se a família concordasse, as crianças já poderiam frequentar a escola a partir da semana seguinte. Theo e suas irmãs também ganhariam uniformes e materiais escolares novinhos.

Como a escola nova era um pouco mais longe, ficou acordado que Maria levaria e buscaria as crianças todos os dias, pois, quando estudavam perto de casa, as mães de Campo Alto se revezavam na tarefa. Porém, naquele primeiro dia tão importante, Sebastião acompanhou a esposa e os filhos. A família foi recebida pela professora Juliana, que lhes mostrou toda a escola e, em seguida, apresentou à família os seus filhos.

Gabriel estava muito retraído e observava todos mantendo certa distância; Theo, no entanto, correu para dar um abraço no novo colega, mas acabou recebendo apenas um tímido cumprimento de punhos. Juliana explicou que Gabriel estava dentro do espectro autista e tinha mais dificuldade de se aproximar das pessoas. A família de Theo compreendeu a situação. Após se despedirem dos pais, Theo, Laura e Rosária, acompanhados de Clara e Gabriel, foram para as respectivas salas de aula.

Juliana dava aula para a turma de Gabriel que, agora, também era a de Theo. Ela o apresentou e contou aos colegas o quanto o garoto era bom jogador de futebol e que reforçaria o time da escola. Todos ficaram bem felizes, especialmente Theo, com a possibilidade de ganhar uma partida pelo time da escola nova.

O projeto

Theo foi se enturmando rapidamente. O time da escola agora contava com um craque e já havia ganhado sua primeira partida de futebol. Theo conquistava prestígio entre os colegas e a admiração de todos. E, como a professora Juliana suspeitava, a amizade entre Theo e Gabriel ficava cada vez mais forte. Ela estava feliz porque sua ideia tinha dado certo!

Nas reuniões de planejamento que antecederam o início das aulas, os professores foram informados sobre a realização de uma campanha na escola cujo tema seria Fraternidade e Amizade Social. Dada a importância da campanha, a coordenadora Renata quis juntá-la ao projeto interdisciplinar da escola. Assim, cada professor deveria propor atividades para realizar com seus alunos.

Na sua aula, a professora Juliana iniciou uma roda de discussão contando um pouco sobre o tema.

— Podem me dizer quais palavras vocês imaginam quando ouvem "fraternidade e amizade social"?

— "Cuidado", professora — respondeu Maria Alice.

— Muito bem. O que mais, turma? — Juliana perguntou.

— "Solidariedade" — disse Enzo.

— Está correto também.

Theo estava empolgado e queria participar da roda de discussão. De forma bastante tímida, ele disse bem baixinho:

— "União".

— Pode falar um pouco mais alto para a turma, Theo — solicitou a professora.

— "União"!

— Muito bem, Theo!

Juliana explicou que todas as respostas estavam corretas e que amizade social nada mais é do que querer o melhor para a vida da sociedade, para todos e para cada um que faz parte dela, isto é, entender que somos todos irmãos.

— Amizade social é querer um mundo sem fronteiras, que vai além das relações familiares e que demonstra interesse por todos. Amizade social significa pensar grande, pensar planetariamente, desejar o bem-estar de todo mundo. Como sabemos, esse mundo foi dado a todos nós para que fosse usufruído em igualdade e fraternidade... Então, podemos dizer que amizade social tem a ver com um relacionamento universal.

Voando alto

No dia seguinte, a professora retomou a roda de discussão com a turma, mas agora com o objetivo de elaborar uma atividade que conversasse com o projeto interdisciplinar da escola no combate ao *bullying*.

Juliana anotou todas as ideias no quadro e fez uma votação com a turma para decidir qual atividade seria colocada em prática. Os alunos, porém, não chegaram a uma decisão. Notando o impasse, ela sugeriu retomar a conversa depois do recreio. Quando o sinal tocou, Theo e Gabriel saíram correndo para o pátio da escola. Lá, eles encontraram Clara, aluna do 5º ano. A garota contou que a sala dela também estava em um impasse para decidir a proposta que seria realizada.

Enquanto eles debatiam as ideias apresentadas na aula, os três amigos notaram que tanto o 4º quanto o 5º ano estavam pensando em algo bem parecido, e que aquilo podia ser um reflexo do próprio tema.

— Por que fazer atividades divididas por turmas se a fraternidade e a amizade social falam justamente de um mundo sem fronteiras? — questionou Clara.

— E se a gente fizesse um projeto envolvendo as duas turmas? — perguntou Theo.

— Essa é uma boa ideia! — respondeu Gabriel.

Os três amigos conversaram com os professores, que prontamente aceitaram a proposta. Ao retornarem à sala de aula, a votação foi unânime, ambas as turmas trabalhariam unidas para criar o Clube dos Sempre Amigos, que buscava, entre outras coisas, encontrar uma forma de mediar conflitos com colegas que sofriam algum tipo de *bullying* para que todos fossem acolhidos, respeitados e amados.

Logo os professores perceberam que o projeto interdisciplinar sobre fraternidade e amizade social seria uma oportunidade para tornar o ambiente escolar mais amigável.

Graças ao Clube dos Sempre Amigos, aos poucos, as turmas foram se entrosando e passando a ter uma convivência harmoniosa com os demais colegas. Afinal de contas, todos eram muito diferentes, ninguém era igual a ninguém. A autoestima das crianças melhorou a ponto de conseguirem resultados satisfatórios no aproveitamento escolar. E foi assim que, aos poucos, o clube recebeu cada vez mais colegas de outras turmas e se tornou a vitrine da escola.

O almoço

Na escola, tudo ia bem, mas isso era apenas o primeiro passo. O segundo passo a ser dado por Juliana era em casa: contar ao marido, João, sobre o novo amiguinho dos filhos e, quem sabe, convidar o garoto para um almoço. Aproveitando um momento em que estavam a sós, ela puxou o assunto.

— Querido, sabia que o Gabriel e a Clara fizeram um novo amigo?
— Ah é? Quem?
— O Theo, e ele tem a mesma idade do Gabriel.
— Aqui do prédio?
— Não! Da escola. Não te falei das bolsas de estudos que consegui para três crianças da comunidade Campo Alto, onde entrego as cestas básicas da ONG Pão para Todos?
— Querida, você acha uma boa ideia que nossos filhos sejam amigos de uma criança da comunidade? — indagou João.
— Não acho, tenho certeza que sim! Inclusive gostaria de convidá-lo para almoçar com a gente — retrucou Juliana.
— Podemos falar sobre isso mais tarde? — solicitou o pai, esquivando-se da conversa.

Notando a falta de empatia do marido, Juliana concordou. Depois de alguns dias, e na presença estratégica dos filhos, ela aproveitou o momento em que a família estava toda reunida para o jantar e recomeçou:

— Crianças, contem para o pai de vocês sobre o Theo — convidou a mãe.
— Ele gosta muito de jogar futebol comigo — iniciou Gabriel.

Essa foi a deixa de Clara, que contou sobre o Clube dos Sempre Amigos e como a participação de Theo era fundamental para o projeto.

— O nosso clube está crescendo tanto! Já ouvimos várias histórias de crianças tímidas que antes tinham medo de se aproximar de outras. Mas agora elas estão mais envolvidas nas atividades escolares, principalmente nas esportivas. Conta para ele, mamãe, das outras escolas interessadas no nosso projeto! — animou-se Clara.

— Sim, minha filha. A direção recebeu alguns *e-mails* de outras escolas que também vão aderir à campanha. Há muito interesse nesse projeto interdisciplinar — respondeu Juliana.

— Eu imagino, minha filha. Mas eu não acho que o Theo se sentiria bem aqui na nossa casa — argumentou o pai.

— E por que não? — quis saber a filha.

— Porque ele é um garoto da comunidade...

Quando Juliana achava que a discussão estava seguindo para um impasse, Gabriel pediu a palavra:

— Pai, a gente não pode julgar ninguém pela quantidade de dinheiro que ela tem ou pela cor da pele, muito menos pelo lugar onde ela mora! Amizade não é isso. Na escola, a gente está aprendendo que somos todos iguais e que deveria existir um mundo sem fronteiras.

— É claro que os projetos são sempre importantes e necessários; mas, na prática, vivemos em mundos muito diferentes.

— Pai, o sonho do Theo é ser jogador de futebol. Ele quer ter uma vida melhor não só para ele, mas para toda a família — falou Gabriel.

— Acredito que esse seja o sonho de todo menino pobre que mora em uma comunidade — rebateu João.

— Mas, pai, você também queria ser jogador de futebol quando era criança, lembra que nos contou outro dia? — indagou Clara.

— É verdade, filha, eu queria, mas seu avô preferiu que eu seguisse outra carreira. Ele achava mais seguro...

— Por sorte você teve opção. Mas e quem não tem? — foi a vez de Gabriel questionar novamente a atitude do pai.

— De fato, sem oportunidades, tudo fica bem mais complicado — completou João.

— Dê uma oportunidade e conheça o Theo — finalizou Clara.

Alguns minutos de silêncio depois, Juliana tomou a palavra:

— Crianças, acho que agora seu pai já tem muitas informações sobre o Theo para refletir — ponderou enquanto retirava os pratos da mesa.

Naquela noite, João demorou para dormir pensando na conversa com sua família e nas lembranças de quando queria ser jogador de futebol. No dia seguinte, durante o café da manhã, ele disse que havia pensado melhor e que Theo poderia almoçar com eles.

Naquele mesmo fim de semana, Theo almoçou na casa dos amigos Gabriel e Clara. Como os filhos esperavam, o pai tivera uma boa impressão do amigo, e ambos conversaram descontraidamente.

— Theo, meus filhos disseram que você joga muito bem — iniciou João.

— É verdade! Sempre que jogo, dou o melhor de mim para um dia realizar o meu sonho de jogar em um grande clube e me tornar famoso — respondeu Theo com determinação.

— Foi o que o Gabriel me contou. Quando eu tinha a sua idade, também sonhava ser jogador, mas não consegui realizar esse sonho. Mas vamos todos torcer para que o seu aconteça! — disse dirigindo um olhar de confiança para o garoto.

— E você não ficou triste por não ter realizado o seu sonho? — quis saber Theo.

João parou por um instante e, ao olhar para a família, abriu um sorrisão e disse ao garoto:

— Theo, existem muitas formas de os sonhos serem realizados. Para mim, não foi no futebol. Mas eu sou muito grato pelos outros sonhos que conquistei. — E continuou: — Soube que vai ter uma peneira no clube do qual somos sócios. Que tal você se inscrever nela? Você gostaria? — questionou João.

— Com certeza! — respondeu Theo quase saltando da cadeira. — É tudo o que eu mais quero na vida! Muito obrigado mesmo! Mil vezes obrigado! No dia em que eu for um jogador rico e famoso, eu vou ajudar todas as pessoas. Não vou deixar nunca que a fama e o dinheiro mudem a minha cabeça, e nunca vou me esquecer das minhas origens — disse Theo, mostrando muita convicção.

Theo deixava todos impressionados pela maturidade e pela profundidade com que falava. Juliana estava orgulhosa pela relação que os filhos — e, agora, o marido — criavam com ele. Assim como Theo, Clara e Gabriel também já começavam a sonhar com um futuro melhor não apenas para eles, mas para todo o planeta.

— E você, Clara, o que pretende fazer quando for adulta? — questionou Juliana.

— Quero seguir carreira política. Um dia vou ser presidente do nosso país! Mas eu não vou morar numa mansão oficial. Quero convencer os outros políticos a seguirem esse exemplo e levar uma vida simples e sem mordomias. Não vou ficar tranquila enquanto houver uma pessoa passando fome, uma só criança sem escola, uma só pessoa desempregada, uma pessoa sem atendimento médico, sem um lugar digno para morar. Sei que não vai ser fácil, mas é o que eu pretendo fazer com a ajuda e a união de todos — respondeu Clara, demonstrando sua grandeza de alma.

— Que legal, Clara! Você já pode contar com o meu voto — disse Theo com muito orgulho da amiga.

— Agora só falta o Gabriel. Conta para a gente, filho — disse João.

— Bem... — iniciou, um pouco tímido — eu poderia ser um jornalista ou um escritor. Quero contar histórias de superação como a do Theo — disse.

— Minha? — perguntou Theo.

— Isso mesmo! Quero contar as suas conquistas para inspirar outras pessoas — respondeu Gabriel.

Claramente emocionado pelas palavras do amigo, Theo estendeu a mão para dar o típico cumprimento de mãos que ele e Gabriel inventaram. Mas, para a surpresa de todos, Gabriel abraçou o amigo com entusiasmo. Foi a cena mais bela que aquela família já havia presenciado, o primeiro abraço da vida do Gabriel! Todos estavam emocionados.

Quanto à peneira, como era de se esperar, Theo foi o escolhido entre treze concorrentes e passou a fazer parte da base dos sub-10 do clube. Era um gigantesco passo para a realização do sonho dele, e isso aconteceu graças a alguém que soube vencer o preconceito e acolher as pessoas como elas são.

Enquanto o sono não vem

Todas as noites, Theo, ajoelhado ou deitado, fazia a oração que a mãe havia lhe ensinado. Às vezes também orava com os pais e as irmãs.

Certa noite, já deitado na cama, o garoto pensou em tudo o que tinha acontecido na vida dele desde que a professora Juliana conversou com sua mãe: as bolsas de estudos, o projeto interdisciplinar sobre fraternidade e amizade social, a amizade com Gabriel e Clara e o almoço na casa deles, a peneira bem-sucedida para o time sub-10 de futebol. Tudo parecia fantástico demais.

Embora Theo ainda fosse muito jovem para compreender as possibilidades que todas aquelas ações operariam na vida dele, achava que outras crianças deveriam ter as mesmas oportunidades.

De acordo com o que Theo aprendeu, fraternidade e amizade social tinham tudo a ver com a sua história até ali. E era justamente isso que o Clube dos Sempre Amigos deveria fazer. Mas como? O garoto sabia que, vindo de uma família da comunidade Campo Alto, conhecia muitas pessoas que não tinham onde morar, onde trabalhar e até mesmo que não tinham como se alimentar todos os dias. Por fim, antes de pegar completamente no sono, Theo percebeu que esse tema era, sim, muito importante. Tomado pelo cansaço, o menino puxou as cobertas para si e caiu em um sono profundo.

Como de costume, ele dormia sempre com a sua bola de futebol ao lado. Tudo parecia calmo e tranquilo até que o menino despertou assustado, imaginando ter tido um pesadelo. Em completo silêncio e escuridão, Theo colocou a bola na frente do seu rosto e perguntou:

— Bola, você falou comigo ou eu tive um baita pesadelo?

— Falei, sim — disse a bola.

Theo nem se espantou tanto, pois mal tinha consciência do que estava fazendo. Era como se ainda estivesse dormindo. Mesmo assim, é claro que estranhou quando ouviu uma voz saindo de dentro da bola. Brincar com ela, criar dribles fantásticos, correr pelo campo e apontar para o gol, isso era o que Theo mais fazia com a sua companheira, mas ouvi-la falar...

— Por favor, bola! Devo ou não acreditar no pedido que você me fez no sonho?

— Você não estava sonhando, Theo! — argumentou a bola. — Existe uma grande missão a ser cumprida, e você foi o escolhido para ela.

— Missão? — questionou o garoto.

— Sim. A de unir todas as pessoas do mundo — pontuou a bola falante.

— Você deve estar de brincadeira! Quem sou eu para fazer uma coisa dessas? Não vê que sou apenas uma criança? Que pedido mais bizarro!

Theo não conseguia acreditar no que ouvia. Procurando se controlar e falando bem baixinho, tornou a insistir:

— Bola, quer saber de uma coisa? Prefiro acreditar que estou sonhando.

— Theo, você não estava sonhando antes e muito menos agora — insistiu a bola.

Quando Theo estava prestes a desistir daquela conversa maluca e voltar a dormir — ou, na cabeça do menino, sonhar com outra coisa —, a bola falante explicou com mais detalhes a tal missão. Ela disse que, como as crianças da escola estavam desenvolvendo um projeto interdisciplinar sobre fraternidade e amizade social, percebeu que era possível adaptar esse projeto e estendê-lo para outros povos e culturas.

— Mas como o Clube dos Sempre Amigos pode colaborar? — perguntou Theo.

— Você não gosta de futebol? — foi a vez de a bola questionar o menino.

Theo apenas balançou a cabeça afirmando que sim.

— Muito bem, vamos ao que interessa. Meu pedido é que você sugira à Fifa, a entidade que promove competições de futebol no mundo todo, a realização de uma Copa do Mundo com a participação de todos os países. Tive essa ideia porque o futebol é um esporte poderoso que pode ser usado para unir diferentes culturas e pessoas — anunciou a bola.

— E você acha que a Fifa aceitaria a proposta de uma criança?

— É claro que não, né?! — disse a bola rindo. — Esqueceu que você terá a minha ajuda?

— Você vai falar com a Fifa? No mínimo eles vão chutá-la — pontuou Theo.

— Eu já pensei em tudo. Confie em mim. O troféu será a muda de uma árvore muito especial, que será entregue para cada uma das seleções — a bola revelou.

— E qual é essa árvore especial?

— É o carvalho, pois essa árvore representa força e resistência — respondeu.

A bola continuou contando para o garoto os planos dela. Ela pensou em um evento de seis meses de duração, com jogos realizados em todos os países do mundo. E não seria necessário nenhum investimento, porque cada país usaria a estrutura de que dispunha.

— Bola, admiro a sua boa vontade, mas acho que você está sonhando alto demais — Theo advertiu.

— Garoto, a mesma paixão que você sente pelo futebol, outras crianças, jovens, adultos e idosos também sentem — argumentou a bola.

— Mas o que eu faço para realizar essa missão? E, além disso, como é que eu vou sugerir isso para a Fifa? — perguntou o menino.

— Consiga o contato deles, escreva uma mensagem do fundo do seu coração apresentando a sugestão de uma Copa do Mundo em que todos possam participar em condição de igualdade e deixe o resto por minha conta. Ah, antes que eu me esqueça: também teremos uma Copa do Mundo só com crianças — finalizou a bola.

Theo, após ouvir a mensagem da bola, pegou no sono de novo e dormiu profundamente.

Foi a bola!

No dia seguinte, quando chegou à escola, Theo contou a Clara e Gabriel o que tinha acontecido na noite anterior. Após o espanto inicial, os três concordaram que teriam de comunicar a notícia aos demais colegas e que o melhor momento seria na sala de aula. Quando todos estavam sentados, Theo pediu a palavra.

— Pessoal, preciso contar uma coisa para vocês, que tem a ver com o nosso projeto.

Até a professora parou o que estava fazendo para ouvir o que Theo tinha a dizer.

— Como sabem, a campanha Fraternidade e Amizade Social tem como objetivo criar ações que possam acolher e unir as pessoas, não deixando ninguém para trás. E como o futebol tem o poder de reunir multidões, ele tem tudo a ver com o nosso projeto. Então, não se assustem, mas nós vamos enviar uma mensagem à Fifa solicitando a realização de um campeonato de futebol envolvendo todos os países do mundo.

— Mas de onde você tirou essa ideia maluca? — perguntou Gustavo, um dos colegas de sala.

— Eles não vão aceitar! — falou Helena, outra colega.

— Sei que será difícil para vocês acreditarem, mas garanto que vamos conseguir — Theo argumentou.

— Como você sabe? — foi a dúvida de muitos.

— Infelizmente, não posso falar — disse Theo sem se deixar abalar.

— Se não falar, como poderemos ajudar? — questionou novamente Helena.

— Fala, fala, fala! — todos gritavam em coro.

Por um breve momento, a turma ficou totalmente em silêncio, até que Theo finalmente disparou:

— Tá certo! Mas, se eu falar, vocês assinam comigo a mensagem?

Foi um solene SIIIIIIM!

— Foi a bola! — disse Theo meio a contragosto.

— Como assim?! — disseram alguns.

— Não entendi nada! — insistiram outros.

— Foi a minha bola, já disse, caramba! — esbravejou Theo.

— E por acaso você tem uma bola falante? — perguntou Gustavo com certa ironia.

— Na verdade, sim. Nem eu sabia! Ela falou comigo ontem à noite — Theo respondeu.

Percebendo que os colegas estavam incrédulos com a história dele, Theo abriu a mochila e retirou a bola falante lá de dentro.

— Bola, você pode contar para eles o que me disse ontem?

Para total surpresa e espanto da turma, a bola disparou a falar. Nem mesmo a professora Juliana acreditava no que estava vendo e ouvindo. Ao final da aula, após satisfazer a curiosidade dos colegas, todos concordaram em assinar uma carta para a Fifa. E, para que ela chegasse ao seu destino, não foi preciso muito esforço... O pai de uma das colegas da turma havia trabalhado na organização da Copa do Mundo no Brasil e sabia como fazer para que a correspondência chegasse à federação internacional.

A resposta

Depois de alguns dias, a professora Juliana estava em aula quando o celular dela vibrou insistentemente dentro do avental. Ela pediu licença para verificar as mensagens, que não paravam de aparecer na telinha do aparelho. Quando viu o teor da conversa, estremeceu, ficou pálida e com cara de espanto. Os alunos perceberam e ficaram curiosos: o que seria?

— Turma, não sei se vou conseguir ler para vocês... — disse ela com a voz embargada e as lágrimas começando a brotar dos olhos. — A Fifa aceitou o pedido de vocês, e tudo indica que a primeira edição de uma Copa do Mundo com a participação de todos os países será realizada ainda este ano!

Os alunos, enlouquecidos, começaram a pular e a se abraçar e, sem que ninguém os segurasse, saíram gritando pela escola toda:

— Nós conseguimos! Nós conseguimos! O mundo vai virar uma só família!

Por um instante, Theo parou e olhou em volta. Segurando a bola falante, o garoto compreendeu que a missão dele havia sido cumprida.

Epílogo

A Copa Mundial de futebol foi um sucesso! Povos e nações deram as mãos para celebrar a paz. Foi nesse momento que um terceiro grito ecoou, fazendo-se ouvir em todos os cantos do Universo. Era a Terra, que, voltando a sorrir, dizia: "Alegrem-se todos comigo, pois finalmente SOMOS UMA FAMÍLIA!". E o Universo, então, celebrou e aplaudiu o grande acontecimento.

SOBRE O AUTOR

Americana é uma bela cidade situada a cerca de cento e trinta quilômetros da capital do estado de São Paulo. Foi lá que nasci, no dia 1º de maio de 1942. Atualmente, vivo em São Paulo, capital, com minha família.

Sou formado em História, Geografia e Pedagogia. Grande parte da minha vida dediquei ao magistério, como professor de Geografia. Hoje, escrevo e visito escolas interagindo com meus leitores. Minha experiência como escritor começou aos catorze anos, quando escrevi meu primeiro livro, mas foi bem mais tarde que comecei a me dedicar inteiramente a essa atividade. Hoje, tenho mais de cinquenta livros publicados, muitos deles pela FTD.

Para saber mais, acesse o *site*: www.fernandocarraro.com.br.

SOBRE OS ILUSTRADORES

Fundado em 2013 pelos *designers* André Rodrigues e Larissa Ribeiro, o Estúdio Rebimboca combina *design* gráfico, ilustração e animação, usando um método coletivo e lúdico que resulta em estilos gráficos exclusivos. Nosso trabalho está presente em diferentes mídias, mas temos um carinho muito grande por livros infantis: são diversos livros ilustrados e três publicados em coautoria: *Quem manda aqui?* (2015), *A eleição dos bichos* (2018) e *A morte da lagarta* (2022).

Neste livro, contamos com a colaboração de Carolina Herrera como assistente de arte.

Para saber mais, acesse o *site*: www.estudiorebimboca.com.br.

Acesse o catálogo *on-line* de literatura da FTD Educação

Produção gráfica
Avenida Antônio Bardella, 300 - 07220-020 GUARULHOS (SP)
Fone: (11) 3545-8600 e Fax: (11) 2412-5375
São Paulo - 2024

A comunicação impressa e o papel têm uma ótima história ambiental para contar

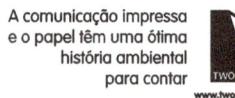

SUPLEMENTO DE LEITURA

SONHO DE UM MUNDO SEM FRONTEIRAS

Fernando Carraro — Ilustrações Estúdio Rebimboca

Nome do aluno: _____

_____ Ano: _____

Nome da escola: _____

1. Responda às perguntas a seguir de acordo com o livro.

a) Quem é Theo e o que ele gosta de fazer?

_____

_____

b) De que maneira Theo conseguiu uma bolsa de estudos na escola onde a professora Juliana trabalha? Marque o item correto.

☐ Por meio de um teste e de uma entrevista com a diretora.

☐ Por meio de uma proposta feita pela professora Juliana à mãe do garoto.

☐ Por meio de uma seleção de aspirantes a jogador de futebol.

2. Explique com suas palavras o que é **amizade social**.

_____

_____

_____

3. Encontre, no diagrama abaixo, três palavras que se relacionam com amizade social.

C	S	T	D	X	Q	S	B	R	B	P	G	B	F	X	U	R
B	U	M	L	J	N	P	Q	G	N	B	P	D	Y	F	M	N
Z	N	X	C	K	R	C	U	I	D	A	D	O	F	W	A	F
X	I	L	F	R	D	M	C	N	N	L	F	D	F	B	M	O
F	Ã	U	J	R	A	G	H	X	K	C	J	Z	P	S	C	T
V	O	I	S	O	L	I	D	A	R	I	E	D	A	D	E	E
C	H	J	U	N	T	D	C	Y	C	S	E	H	G	O	N	D

- Escreva outras três palavras que também estão relacionadas ao tema.
  _____
  _____

4. Marque se as informações abaixo são **verdadeiras** (V) ou **falsas** (F).

☐ Sempre Amigos é o nome da ONG em que a professora Juliana é voluntária.

☐ Os alunos decidiram unir duas turmas em um projeto contra o *bullying*.

☐ Theo era um bom jogador de vôlei.

☐ Quando criança, João sonhava ser jogador de futebol.

☐ Clara quer presidir o Brasil quando crescer.

5. Numere os acontecimentos de acordo com a ordem em que eles ocorrem no capítulo "O almoço".

☐ Naquele dia, mais tarde, João pensa melhor sobre o assunto e decide convidar Theo para almoçar com ele, a esposa e os filhos.

☐ Gabriel e Clara contam para o pai sobre Theo e sobre os interesses dele.

☐ No clube em que João e a família são sócios haverá uma peneira, e João conta a Theo que pode inscrevê-lo para participar da seleção.

☐ Theo almoça na casa da professora Juliana e conta para toda a família dela que quer ser um grande jogador de futebol.

☐ A professora Juliana conta ao marido, João, sobre Theo, o novo amigo dos filhos do casal, e que gostaria de convidar o garoto para almoçar com eles.

☐ João argumenta com os filhos que Theo não se sentiria bem como convidado na casa da família.

6. E você, também tem algum interesse em especial ou um sonho que gostaria de realizar? Qual?

_____
_____
_____
_____
_____
_____

7. Na história, os alunos elaboram um projeto de fraternidade e amizade social envolvendo o esporte. Agora responda:

a) Você acha que o esporte, em suas diversas modalidades, como futebol, vôlei, basquete, une as pessoas? Explique.

_____
_____
_____
_____
_____

b) O que você achou da solução de Theo e dos colegas de redigir uma carta à Fifa?

_____
_____
_____

8. Se você tivesse de organizar um projeto que integrasse todas as turmas da sua escola, o que proporia? Descreva as ações que seriam necessárias para colocá-lo em prática.

_____
_____
_____
_____
_____
_____
_____
_____

ELABORAÇÃO Rosa Visconti